L'ÉGLISE DE PONT-SUR-YONNE

BIBLIOGRAPHIE

L'église paroissiale de Pont-sur-Yonne, placée sous le vocable de Notre-Dame, a été signalée par M. Victor Petit dans son *Voyage pittoresque dans l'Yonne* (1). M. Amé en a donné la coupe longitudinale, l'élévation latérale au sud, le plan, et la coupe transversale (2). Ces planches sont accompagnées de deux notices, dont l'une est due à M. Quantin (3). M. Amé, voulant fournir un modèle d'église de campagne dans le style du treizième siècle, a fait plutôt œuvre d'architecte que d'archéologue, et s'est appliqué à restituer dans ses planches la physionomie primitive de l'église. La description de M. Quantin, dans son *Répertoire archéologique du département de l'Yonne*, est exacte bien qu'un peu sommaire. M. l'abbé Horson s'est contenté de transcrire (4) la notice des *Annales archéologiques* ; il a toutefois ajouté quelques renseignements et donné des inscrip-

---

(1) *Annuaire du département de l'Yonne*, année 1845.
(2) *Annales archéologiques*, t. XIII. p. 97, 166; t. XXV, p. 374, 376.
(3) C'est la notice insérée au tome XXV.
(4) *Recherches historiques sur Pont-sur-Yonne*, Sens, 1878, p. 19 et suiv.

tions dont la publication avait été négligée (1). La note consacrée tout récemment à la même église par M. Michel dans les *Monuments religieux, civils et militaires du Gâtinais* (2) est fort courte et n'ajoute rien aux précédentes.

HISTORIQUE

Nous manquons de renseignements sur les travaux faits à l'église de Pont avant le dix-huitième siècle. Cette paroisse était, dès 1162, sous le patronage du chapitre cathédral de Sens, qui percevait une partie des revenus et présentait à la cure (3). Il est donc probable que les premiers travaux de l'église ont été exécutés par ordre et aux frais du chapitre : ce qui explique les analogies, déjà signalées par M. Quantin, entre l'église de Pont et Saint-Etienne de Sens. Le chapitre a considérablement augmenté ses revenus à Pont pendant le treizième siècle : c'est l'époque de sa plus grande prospérité matérielle. Les Anglais laissèrent des traces de leur passage. Le compte de la cloîtrerie du chapitre pour l'année 1366-1367 mentionne l'incendie de plusieurs maisons par les Anglais (4). La ville de Pont eut, paraît-il, à subir un siège en 1420 (5). Ce

---

(1) Inscription tumulaire d'Etienne Prunay, curé de Pont, mort le 9 août 1601, p. 25. — Inscription des cloches, l'une de 1567, l'autre de 1721, p. 26-27.

(2) 2ᵉ partie, p. 269-271.

(3) Charte de Hugues de Toucy en 1162. ap. *Cartul. du chap. de Sens*. Bibl. nat. ms. lat. 9898. f° 8 v°. ; confirmé par une bulle du pape Alexandre III, publ. ap. Quantin, *Cartul. de l'Yonne*, t. II, p. 153.

(4) *Invent. sommaire des arch. de l'Yonne*, G p. 157.

(5) Les auteurs de notre siècle qui ont écrit sur Pont mentionnent ce siège sans indiquer les sources où ils ont puisé leurs renseignements.

qu'il y a de certain, c'est qu'il y eut nécessité au quinzième siècle de reconstruire un certain nombre de supports et, au commencement du seizième siècle, la plus grande partie des voûtes. Je n'ai pas vu sur les murs ni sur les piliers les traces de feu signalées par M. Amé; il est possible que les dernières restaurations les aient fait disparaître. Après les Anglais, les huguenots : en 1567, à la suite de la bataille de Saint-Denis, trois compagnies attaquèrent la ville de Pont qui ne céda qu'après une vive résistance. Une partie des habitants se réfugièrent dans l'église et y furent massacrés (1). Les contemporains ne nous parlent pas des atteintes portées au monument; il entrait cependant dans les habitudes guerrières des huguenots de saccager les temples catholiques. Ainsi, deux jours après la prise de Pont, les calvinistes mettent le feu à l'église de Courlon, village voisin du nôtre (2).

L'église de Pont fut au dix-huitième siècle l'objet de très nombreuses réparations, dont quelques-unes méritent d'être signalées, attendu qu'elles n'ont pu manquer de modifier singulièrement l'aspect extérieur de l'édifice. Le chapitre de Sens était chargé, comme gros décimateur, de l'entretien du chœur et du transept. Les pignons du transept menaçant ruine, on les rebâtit entièrement de neuf (3). Cette construction fut adjugée par le chapitre (12 juin 1728) à un nommé Charpentier, moyennant la somme de 1920 livres. On répara aussi,

(1) Challe, *Histoire des guerres du calvinisme*, t. I, p. 159-160.
(2) Challe, *Ibid.*, p. 162.
(3) Voyez le devis daté du 28 avril 1728, *Archives de l'Yonne*, liasse G 719.

sans que nous sachions exactement à quelle époque, la charpente de la toiture du chœur, la gouttière et les contreforts dont le haut était tout dégradé (1).

Le 11 septembre 1740, Nicolas Prudhomme, procureur en la prévôté de Pont, procéda, en présence et du consentement des habitants, à l'adjudication de travaux de réparations à faire à l'église. Il s'agissait (2) tout d'abord de remettre la tour en état, d'en reprendre les murs et les contreforts, et de relatter la flèche; c'était une flèche à huit pans « travaillée délicatement et avec art (3), » couverte d'ardoises avec un amortissement en plomb, et flanquée de quatre clochetons d'angle. Il fallait, en outre, mettre quatorze abat-sons neufs aux fenêtres de la tour et réparer les autres, refaire la maçonnerie du pignon de la nef qui était lézardé et tous les « pilliers buttans » de la nef, soutenir la couverture de l'église et remettre des tuiles, garnir de plomb la gouttière établie entre la tour et le pignon de la façade.

L'adjudication de tous ces travaux fut faite à Michel Porté, entrepreneur, moyennant la somme de 770 livres. Malheureusement les officiers de Pont avaient agi à l'insu de l'intendant et de son subdélégué. Les travaux commencèrent. Mais l'entrepreneur, « voyant que l'argent qu'on luy avait promis ne venait pas (4), » cessa l'ouvrage. L'administration centrale refusait de fournir aux habitants les moyens d'acquitter leurs dettes, et

(1) *Archives de l'Yonne*, G 719, devis non daté.
(2) Devis dans le procès-verbal d'adjudication, *Arch. de l'Yonne*, C. 209.
(3) Expression du devis du 1ᵉʳ avril, 1745, G. 209.
(4) Lettre de l'Archevêque de Sens à monsieur Mabile, secrétaire de l'intendant de Paris, *Arch. de l'Yonne*, C. 209.

s'opposait à ce qu'ils s'imposassent eux-mêmes. La tutelle administrative n'était plus à naître, et depuis longtemps. En dépit des requêtes adressées à l'intendant par l'entrepreneur et les échevins (1), l'affaire ne recevait pas de solution (2). Michel Porté vint à mourir. Sa femme, qu'il laissait dans la misère, céda son marché avec la ville de Pont à l'archevêque de Sens, qui avait avancé quelque argent à son mari pour l'empêcher de « culbuter. » Les lenteurs et le mauvais vouloir de l'administration compromettaient l'existence de l'édifice en question. Voici la lettre que le prévôt de Pont écrivait à l'intendant, en 1744 (3) :

« Monseigneur, je prends la liberté de représenter à Vostre Grandeur que la flèche du clocher de l'église de Pont-sur-Yonne, dépendant du duché de Nemours, est en très mauvais état ; les bois d'icelle pourrissent par les ardoises qui manquent, qui sont tombées par les grands vents, et si Votre Grandeur n'interpose son autorité pour y remédier, dans peu de temps elle tombera et causera une dépense bien plus considérable pour la rétablir. Il y a encore d'autres réparations à faire à la nef aussi bien pressantes. Pont-sur-Yonne dépend du duché de Nemours distant de neuf lieues, Sens à trois petites lieues : Vostre Grandeur pour s'en rendre compte

---

(1) Il y avait à Pont deux échevins chargés de gérer les affaires de la communauté.
(2) Requête à Mgr le comte d'Argenson, intendant de la généralité de Paris, par Michel Porté. — Requête de le Maître, échevin, à une personne qui doit parler à l'intendant pour faire donner des secours aux habitants de Pont, 8 sept. 1741. — *Arch.* C. 209.
(3) *Arch. de l'Yonne*, C. 209.

par l'un ou l'autre de messieurs ses délégués dans ces villes, mais si il était possible de leur en éviter la peine et la dépense que cela pourrait couster, à cause du lieu qui est pauvre, la ville, suivant vos ordres, ferait faire un devis exact de ces réparations qu'elle enverrait ensuite à Vostre Grandeur pour en ordonner.

« J'ay l'honneur d'estre très respectueusement, Monseigneur,

« Votre très humble et très obéissant serviteur.

PRUNAY, *prévost*.

« De Pont-sur-Yonne, ce 20 may 1744. »

L'intendant fit donc dresser un devis. Il est daté du 1ᵉʳ avril 1745 (1). Il est presque semblable à celui de 1740. Les ouvrages faits par Porté sont estimés à 165 livres 10 sols. Les travaux furent adjugés en juillet 1745 à Claude Barrost, maçon de Nemours, moyennant le prix de 2 600 livres (2). La réception des ouvrages eut lieu le 2 septembre 1747 (3). Restait à payer l'entrepreneur. Les revenus de la ville ne pouvant y suffire, le conseil d'Etat, sur le rapport de l'intendant, ordonna, par arrêt du 27 août 1748, d'imposer la somme de 2 600 livres, plus 65 livres, pour les frais de recouvrement « sur tous les habitants et propriétaires de biens et héritages situés dans l'étendue de la paroisse, » encore que cette voie dût, comme l'avouait le subdélégué (lettre

---

(1) *Arch. de l'Yonne*, C. 209.

(2) 8 juillet 1745, soumission de Barrost. — 13 juillet, ordonnance de l'intendant autorisant l'adjudication. — 26 juillet, ordonnance du même confirmant l'adjudication. — *Arch. de l'Yonne*, C. 209.

(3) *Arch.*, C. 209.

du 30 décembre 1747), ruiner une partie des habitants. Exempts et non exempts, privilégiés et non privilégiés, tous les propriétaires devaient contribuer, chacun en proportion de ce qu'il possédait. Les collecteurs, chargés aussi de procéder à la répartition, furent choisis par le subdélégué de Nemours. Le rôle, arrêté le 14 juin 1749(1), ne montait qu'à 2465 livres, le duc d'Orléans ayant contribué pour 200 livres. Le chapitre de Sens, seigneur et propriétaire d'une grande partie du territoire, figure pour une somme de 126 livres. Nous relevons encore les noms des religieux de Sainte-Colombe, de Devalois, seigneur de Gizy. Le nombre des propriétaires inscrits au rôle s'élève à 342. Mais, avant qu'on n'eût procédé à la levée de l'imposition, la ville retira 1155 livres 10 sols 8 deniers d'une vente de bois communaux que l'administration des eaux et forêts se refusait à autoriser depuis plusieurs années. De telle sorte qu'on dut dresser un second rôle, arrêté le 11 janvier 1751, dont le total n'était plus que de 1275 livres 5 sols 6 deniers.

Vers le même temps, les toitures des chapelles qui accostaient le sanctuaire menaçant ruine, le chapitre, dans la crainte que les opérations ne fussent pour lui l'occasion d'une trop forte dépense, voulut les supprimer et les remplacer par une plate-forme (2). Si les habitants consentaient à cette destruction, messieurs du chapitre s'engageaient à leur faire un don gacieux de 600 livres pour les aider à payer les réparations du clocher. Sur les conseils d'un sieur le Blanc, député par l'intendant,

(1) *Arch. de l'Yonne*, C 209.
(2) Les documents que je vais citer sont empruntés à la liasse C 209.

l'assemblée générale de la ville (tenue entre le 8 octobre et le 6 novembre 1747) désapprouva le projet du chapitre : la suppression de ces toitures, disait-on, eût été monstrueuse et aurait donné à rire aux étrangers du mauvais goût des habitants. Le chapitre déclara, en conséquence, qu'il se contenterait de faire les réparations nécessaires à la conservation des chapelles sans rien changer à la disposition de leurs toitures ; mais il refusait tout don gracieux. Un devis des travaux à faire aux chapelles latérales du chœur s'élevait à 716 livres 14 sols (mai 1748). Nous voyons qu'on paya le 9 janvier 1749, à Galliot, la somme de 660 livres pour travaux exécutés au-dessus du chœur et des chapelles, et au même 84 livres pour d'autres ouvrages ; et auparavant, le 30 novembre 1748, à Brisson, couvreur, 25 livres. Les nombreux mémoires et quittances d'ouvriers déposés aux archives de l'Yonne (1) témoignent de l'entretien continuel du chœur par le chapitre jusqu'à la fin du dix-huitième siècle.

Les réparations faites par Barrost laissaient sans doute à désirer, car, en 1771, les échevins payèrent à Colas, maçon, la somme de 230 livres, prix des réparations par lui faites à la tour du clocher (2).

L'année suivante (1772), dans la nuit du 27 au 28 juin, entre onze heures et minuit, un ouragan terrible « des plus foudroyants », et mêlé de grêle, en même

---

(1) *Arch. de l'Yonne*, liasse G 1329.
(2) L'adjudication de ces travaux avait eu lieu le 6 août 1771 ; comptes des échevins Martin Préau et André Préau, pour la gestion 1770-1771. Arch de l'Yonne, G 209.

temps qu'il dévastait la campagne (1), renversa la flèche du clocher, qui, dans sa chute, écrasa la couverture de la nef, des bas-côtés et du transept. Les voûtes étaient mises à découvert. Il fallait au plus vite refaire la toiture. Les échevins en référèrent au subdélégué. L'intendant commit le sieur Gaillet, architecte à Sens, pour dresser le devis des réparations. (Visite du sieur Gayet ou Gaillet, le 17 juillet 1772.) Ce devis porte reconstruction du mur joignant la tour au pignon, réfection totale des charpentes des bas-côtés, réparation de la charpente de la nef, édification d'une nouvelle flèche d'un dessin plus simple et de moindre hauteur. Les travaux furent adjugés le 4 août 1772 au sieur Tarin, pour 6 600 livres, et reçues le 8 août 1773. Le 30 août 1776, une ordonnance de Berthier de Sauvigny, intendant, repoussa les réclamations des habitants qui prétendaient que l'entrepreneur n'avait pas terminé les travaux indiqués sur le devis.

Victor Petit (2) attribue aux iconoclastes de la Révolution la destruction de la clef de voûte de la quatrième travée de la nef; il prétend également que l'église fut transformée en fabrique de salpêtre et en magasin à fourrages : cette affectation n'a pas eu lieu. Je crains bien que la première assertion ne soit pas mieux fondée. Les dimensions de cette clef étaient telles qu'elles pouvaient suffire à déterminer sa chute.

---

(1) Les experts délégués par Martin Préau et André Préau, échevins, estimèrent qu'un tiers des blés, seigles et avoines était perdu, et que les vignes étaient endommagées de moitié au midi de la ville et d'un quart au nord ; de plus la violence des eaux avait entraîné les terres du pays haut.

(2) *Annuaire*, 1845 ; *Annales archéologiques*, t. XIII, p. 234 ; *Horson*, p. 21.

Comment admettre qu'on ait songé à la démolir, alors qu'on n'avait pas touché à la Vierge du portail, qui se présentait la première aux coups des furieux ?

Des restaurations ont été faites sous l'administration des derniers curés : MM. Collinot, Bunetier, Perreau (1847-1877). Le dallage remonte à 1866 (1). Quoique les restaurations aient été, dans leur ensemble, bien comprises, on regrettera cependant l'insistance avec laquelle on a simulé, à l'aide de traits noirs, l'appareil des murs.

DESCRIPTION

PLAN (2)

L'église de Pont-sur-Yonne a la forme d'une croix latine. Elle se compose d'une nef flanquée de bas-côtés, d'un transept, d'un chœur terminé par un chevet circulaire, de deux chapelles accostant le chœur, séparées de lui par un mur plein et s'ouvrant sur le mur oriental des bras du transept. Il semble bien que ces chapelles carrées, placées dans le prolongement des bas-côtés de la nef, aient été comprises dans le plan primitif.

DIMENSIONS

Longueur du vaisseau en œuvre	38 m. 90 c.
Largeur des nefs	15 70
Longueur du transept	21· 80

(1) *Horson*, p. 25.

(2) Le plan que je donne a été dressé par feu M. Chalmeau, de Chaumont-sur-Yonne. J'en dois la reproduction à M. Benoni Roblot, architecte à Sens, que je remercie de son obligeance et de l'aide qu'il m'a plus d'une fois prêtée dans mes études archéologiques.

Largeur du sanctuaire (première travée)	7 m.	20
Hauteur des voûtes de la nef sous clef	11	20
Hauteur des voûtes des bas-côtés	6	80
Epaisseur des murs	»	60
Epaisseur des voûtes	»	13

INTÉRIEUR

On s'est servi de moellons en craie pour parementer les murs et appareiller les voûtes. Quant aux piliers, aux colonnes et aux arcs, ils sont en pierre calcaire des environs d'Auxerre.

CHŒUR

Le chevet est intérieurement polygonal, à cinq pans, précédé d'une travée obscure faisant suite au carré du transept. Le sol du sanctuaire est plus élevé que celui du transept, et cet exhaussement a toujours existé : les plinthes des colonnes ne sont pas enterrées, comme cela arrive dans les édifices dont on a surélevé le sol postérieurement à la construction première. Chaque pan du chevet est percé d'une longue fenêtre en lancette, étroite, ébrasée ; le tore de l'archivolte retombe sur des colonnettes dont les chapiteaux sont décorés de crochets et les bases composées de deux tores posant sur une plinthe carrée. Au-dessous des fenêtres se profile une moulure en boudin. Les ogives de la voûte, qui consistent chacune en trois tores, convergent toutes vers une seule clef et sont supportées par des colonnettes placées dans chacun des angles du chevet ; les chapiteaux de ces colonnettes sont à crochets, les tailloirs polygonaux ; les bases présentent le profil indiqué pour les colonnettes des fenêtres et ont, de plus, des griffes d'angle. Les arcs formerets sont en plein cintre ; les colonnettes qui les reçoivent posent sur le tailloir des colonnes des ogives. Lors de la dernière restauration, postérieurement à 1860, on a appliqué au chœur et aux chapelles qui l'accostent une décoration polychrome. Les baies du sanctuaire ont reçu des verrières dans le goût du treizième siècle. On a placé, le long du mur du chœur, les statues de saint Jacques, saint Gilles, saint Edme, saint Nicolas, sainte Catherine, sainte Véronique.

TRANSEPT

Le carré et les bras du transept sont voûtés sur croisée d'ogives. Les arcs qui déterminent le carré consistent en un bandeau rectangulaire, à l'exception de l'arc ouvrant sur le chœur, celui-ci d'un profil semblable aux arcs ogives du sanctuaire. La voûte du carré du transept, encore que les ogives paraissent, à première vue, dater du milieu du treizième siècle, a été, selon nous, refaite au début du seizième siècle ; seulement, on a imité le profil des ogives du sanctuaire ; la clef circulaire, évidée en son milieu, est ornée de feuillages qui me semblent accuser un travail de la dernière période gothique.

Chaque bras du transept comprend deux travées couvertes d'une voûte sur plan carré, avec doubleau intermédiaire. Les ogives retombent sur des colonnes appliquées aux murs avec chapiteaux à crochets, bases à deux tores et à griffes d'angle et de carré avec talus. Une fenêtre en lancette s'ouvre dans les murs latéraux, à la deuxième travée ; quant aux murs terminaux, ils ne datent, comme on le sait, que de 1728.

Je signalerai, sur le mur occidental du bras droit du transept, les restes d'une peinture du quinzième siècle, représentant le *Jugement dernier*. Au milieu du tableau, la croix, avec les instruments de la Passion ; le Christ, debout près de la croix et les bras étendus ; d'un côté, la Vierge ; de l'autre, saint Jean-Baptiste ; des anges sonnnant de la trompette ; l'écu suivant est répété à chaque extrémité du tableau : de gueules au chef d'or chargé de. . . . . ., parti d'argent à la bande d'or chargée de.. . . . .

Deux chapelles carrées accostent le chœur et s'ouvrent par un arc brisé sur le mur oriental du transept, dans le prolongement des bas-côtés. L'arc d'ouverture retombe sur des colonnes analogues aux autres colonnes du transept. Ces chapelles sont voûtées d'arête ; l'absence de toute colonnette et cul-de-lampe autorise à croire que cette voûte est primitive, ou tout au moins qu'il n'y a jamais eu de croisée d'ogives ; le tore qui se profile au-dessous des fenêtres, autour de la chapelle, n'est pas interrompu. Une baie lancéolée est percée dans le mur oriental, au-dessus de l'autel ; une autre dans le mur du sud.

NEF

La nef et ses bas-côtés sont divisés en six travées. La voûte de la nef est établie sur croisée d'ogives et sur plan carré avec doubleau traversant la clef, disposition imitée de la cathédrale de Sens, et qu'on rencontre aussi à l'église de Michery, près Pont. Il en résulte que les piles sont alternativement plus fortes et plus faibles, suivant qu'elles correspondent au doubleau de séparation et aux ogives, ou simplement au doubleau intermédiaire. Les piliers moins forts sont sur plan rectangulaire, flanqués du côté de la nef d'une demi-colonne destinée à supporter le doubleau intermédiaire ; sur chaque face latérale, d'une demi-colonne pour la grande arcade, et d'une autre pour le doubleau du collatéral. Les piliers plus forts sont munis de trois demi-colonnes du côté de la nef, de trois autres du côté de la nef basse, et d'une demi-colonne pour chaque grande arcade. Les grandes arcades sont toutes en tiers-point ; l'arc est doublé, mais le ressaut est peu prononcé ; les angles sont abattus. Au-dessus des grandes arcades se profile une moulure, placée plus haut aux quatre premières travées. Il n'y a pas d'étage. La nef n'est pas éclairée directement. Les voûtes n'ont pas de formerets. On distingue facilement dans la nef trois époques de construction. La partie la plus ancienne comprend les deux dernières travées. Les colonnes des piliers ont des chapiteaux à crochets ; les tailloirs sont carrés ; les bases, à deux tores, reposent sur des plinthes carrées avec talus. Toutefois, la base du pilier qui sépare à droite la quatrième travée de la cinquième a été refaite au quinzième siècle. Je place la construction de cette partie de la nef, moins les voûtes, à la fin du douzième siècle ou au début du treizième siècle.

La première arcade à droite porte sur des piles très fortes qui soutiennent le clocher ; elles sont flanquées de colonnes à chapiteaux feuillagés, dont quelques-uns, cependant, sont encore munis de crochets aux angles ; les bases ont le tore inférieur très aplati et posent sur un socle polygonal. A gauche, la première arcade part du tailloir d'une colonne appliquée au mur et flanquée de deux autres colonnes à chapiteaux feuillagés, à socles polygonaux, dont l'une reçoit l'ogive de la nef et le premier doubleau qui se profile sur le mur de façade, et l'autre porte l'ogive de la première travée du collatéral. Ce sont là des constructions du milieu du treizième siècle.

Les autres piliers de la nef sont flanqués de colonnes dont les bases prismatiques accusent la deuxième moitié du quinzième siècle. Les impostes de ces colonnes sont ornées de frises de feuillages bosselés et découpés ; au second pilier de gauche, ce sont des pampres encadrant un tonneau et une doloire de tonnellier ; en face, au pilier de droite, se déroule, sur les chapiteaux des trois colonnes de la nef, un phylactère portant en caractères gothiques le nom d'un seigneur de Villemanôche, qui a dû contribuer aux frais de réparation de cette partie de l'église : NOBLE HOME ANTHOIE SORBIER, S^r DE VILLECHE. L'inscription est interrompue en son milieu par un écu incliné, timbré d'un bassinet posé de profil et au mesail pointu. Malheureusement, je n'ai pu retrouver jusqu'ici l'époque exacte où vivait ce seigneur de Villemanôche. Sur les chapiteaux des colonnes latérales du même pilier, on voit des écus mutilés, supportés l'un par deux anges, l'autre par deux animaux.

Quant aux voûtes de la nef, elles sont toutes postérieures à la construction des piliers. Elles ont été refaites, sur le même plan que celles qui les avaient précédées, à la fin du quinzième siècle ou dans la première moitié du seizième siècle. Le doubleau intermédiaire de la voûte des deux premières travées, au lieu de descendre jusque sur le tailloir qui lui est destiné, pénètre plus haut dans le mur ; et, prolongé, il tomberait en dehors du tailloir. La seconde voûte était jadis ornée d'une clef pendante représentant l'Assomption de la Vierge : « Quatre anges grandeur demi-nature, retenus aux nervures par l'extrémité des ailes et des draperies, soutenaient la Vierge. » Il ne reste plus que le dais, sur lequel on lit, en lettres gothiques : GAUDE HODIE MARIA VIRGO CELOS ASCENDIT. Cette voûte me semble avoir été construite en même temps que celle de la quatrième travée du bas côté sud, datée de 1525. Les ogives de la dernière voûte de la nef se réunissent à une clef représentant une large tête grotesque, le trou du milieu formant la bouche ; on a fait des têtes grotesques à la fin du douzième siècle ; mais le style de celle-ci est bien plutôt dans le goût du seizième siècle. C'est d'ailleurs ce dont on pourra se convaincre en jetant les yeux sur la clef analogue de la dernière voûte du collatéral nord.

BAS-COTÉS

Les bas-côtés sont voûtés sur croisée d'ogives, un compartiment de voûte correspondant à chaque travée. Une demi-colonne appliquée le long du mur, en face de chaque pilier de la nef, reçoit sur son tailloir le doubleau et les ogives. Le collatéral sud a conservé toutes ses colonnes primitives avec chapiteau à crochets, base à deux tores, griffes d'angle, socle carré. Les chapiteaux de la troisième et de la quatrième colonne du bas-côté nord ont été refaites au seizième siècle. Chaque travée est éclairée par une fenêtre ébrasée, amortie en arc-brisé, ornée à son archivolte d'un tore reposant sur des colonnettes monolithes. Une moulure en boudin court le long du mur, sous l'appui des fenêtres. Les arcs-doubleaux consistent en un bandeau rectangulaire taillé en biseau ; mais les ogives ont été refaites au seizième siècle. J'en excepte celles de la première voûte du bas-côté méridional, sous le clocher, qui remonte au milieu du treizième siècle. La voûte de la quatrième travée du même collatéral est ornée d'une clef pendante, en forme d'édicule, abritant dans de petites niches huit personnages, parmi lesquels je n'ai reconnu que le roi David ; au-dessous des niches, on lit, en caractères gothiques : JEHAN MOREAV ME FI FERE MIL V C XXV. Les quatre premières voûtes du collatéral nord et la troisième voûte au sud me semblent remonter à la même époque.

EXTÉRIEUR

Un seul comble recouvre la nef et les bas-côtés. Cela n'a rien d'étonnant. En effet, on se rappelle qu'il n'y a pas de fenêtres percées dans les murs latéraux de la nef. L'imposte de la maîtresse voûte est à la hauteur des clefs des voûtes des bas-côtés ; sa poussée est donc reportée sur les contreforts extérieurs, par l'intermédiaire des basses voûtes.

La charpente de la nef date du seizième siècle ; elle a été remise en état à la fin du dix-huitième siècle, après

1772. Les autres charpentes ont été entièrement refaites à la même époque. On remarque qu'au carré du transsept quatre murs épais s'élèvent au-dessus des reins de la voûte, comme si on avait songé à établir une tour.

FAÇADE

La façade se compose d'un mur amorti en pignon triangulaire, accosté à gauche (nord) du mur terminal du bas-côté, et à droite par le clocher établi au-dessus de la première travée du collatéral sud. Un contrefort est placé dans l'axe du mur septentrional de la nef, un autre à l'extrémité du mur latéral du bas-côté nord. Le toit, en appentis du bas-côté, continue sans interruption celui de la nef, bien que l'inclinaison des deux toits ne soit pas la même.

La porte, percée à la partie inférieure du pignon central, s'ouvre par une baie carrée que divise un trumeau contre lequel est appliquée une Vierge portant l'Enfant-Jésus ; cette statue est contemporaine du portail ; elle repose sur un socle orné d'arcatures brisées ; un dais l'abrite. Le linteau porte à chacune de ses extrémités sur un ange accroupi. Le tympan, encadré dans quatre voussures en tiers-point, rappelle par sa décoration le tympan du grand portail de Saint-Etienne de Sens : deux arcs brisés à redents surmontés d'un quatrefeuille. On voit encore des traces de peintures à l'intérieur de ce fenestrage ; on distingue dans l'un des compartiments la Vierge mère entre deux anges. Les voussures sont ornées de tores qui retombent sur des colonnettes ; les fûts ont disparu ; il ne reste que les chapiteaux feuillagés et quelques bases, le tout indiquant la première moitié du treizième siècle. Le reste du mur central est nu ; la maçonnerie en a été souvent reprise, surtout dans les parties hautes. Une fenêtre lancéolée, sans ornements, est percée dans le mur du collatéral nord.

TOUR

La tour, qui a 26 mètres d'élévation, est carrée, flanquée de contreforts à ses angles. Du côté de la façade, le contrefort extérieur est remplacé par une tourelle polygonale formant la cage de l'escalier. Dans la partie inférieure du mur occidental s'ouvre une porte, aujourd'hui murée et cachée derrière une affreuse bâtisse. Trois voussures du même profil que celles de la porte principale retombent sur des colonnettes. Bien au-dessus de la porte, entre le premier et le deuxième étage de la tour, une statue de saint Etienne est portée sur un cul-de-lampe.

Cette tour a deux étages percés de baies amorties en arc brisé. A l'étage inférieur, aucune fenêtre n'est pratiquée sur le côté nord ; car elle se trouverait à la hauteur des combles de la nef. Il n'y a qu'une seule baie sur la façade occidentale (l'emplacement de l'autre étant occupé par la tourelle de l'escalier) ; elle est dépourvue d'ornements ainsi que les deux baies pratiquées sur le mur oriental ; au sud, les deux fenêtres ont leur archivolte décorée de deux tores retombant sur deux colonnettes de part et d'autre, dont l'une présente une arête anguleuse. Ces fenêtres éclairent une salle autrefois voûtée d'une croisée d'ogives ; les amorces de la voûte subsistent ; elle était appareillée en moellons de craie ; les ogives, qui consistent en deux tores séparés par une arête, reposaient sur des culs-de-lampe.

Le dernier étage, où se trouvent les cloches, est éclairé par deux fenêtres sur chaque face, sauf sur le mur occidental, où il n'y en a qu'une. Les tores qui ornent l'archivolte de ces baies portent sur des colonnettes à chapiteaux feuillagés, avec méplat se profilant le long du fût ; le tore unique de la base est aplati et fait saillie sur le socle, qui consiste en un petit dé de pierre polygonal.

En raison de ces caractères on ne peut placer la construction du clocher vers 1240-1250. Ce qui m'empêche de lui assigner une date plus récente, c'est que les tores des ogives de la voûte du premier étage sont encore séparés par une arête anguleuse.

Une flèche accompagnée de quatre clochetons couronnait le clocher. Ruinée en 1772, elle a été remplacée par une flèche octogonale en charpente posant sur un toit carré, le tout couvert d'ardoises. A chacun des angles du toit carré et à la base de la flèche, il y avait autrefois quatre vases de bois tourné recouverts de plomb doré.

MURS LATÉRAUX

Les murs latéraux sont grossièrement appareillés en grès. Leur partie supérieure a été refaite au dix-huitième siècle : la corniche a disparu. Les contreforts très saillants n'ont ni la même hauteur ni la même largeur des deux côtés de l'édifice : nous avons vu qu'on les avait profondément remaniés au milieu du siècle dernier. J'ai parlé de la construction des pignons du transept. Le chevet rond est soutenu par des contreforts montant presque d'un seul jet jusqu'à la corniche. Le ressaut placé au tiers de la hauteur est peu prononcé ; ils ont perdu leur couronnement. La corniche a presque totalement disparu sous les réfections modernes ; elle était supportée par des modillons carrés, avec billette à la base.

CONCLUSION

En résumé, je crois que l'église de Pont-sur-Yonne a conservé à travers les siècles le plan tracé par le premier architecte. Quelle date doit-on assigner aux plus anciennes parties de cet édifice? les bases des colonnes des deux dernières travées de la nef, quelques-unes des bas-côtés, celles du transept et du chœur sont très semblables aux bases des colonnes de la cathédrale de Sens (milieu du douzième siècle). Les chapiteaux sont à crochets. La voûte de la nef est sur plan carré. Ces caractères pourraient permettre de placer ces premières constructions vers 1140 et 1190. Mais l'on doit tenir compte de l'influence exercée par la cathédrale de Sens : on a pu appliquer à notre église, à la fin du douzième siècle, des principes de construction d'une époque un peu antérieure. Je ne pense pas que les premiers travaux aient été entrepris avant 1162, année où le chapitre de Sens fut confirmé dans ses droits sur l'église de Pont, droits qui reçurent une nouvelle consécration en 1187. Ainsi, on peut placer à la fin du douzième siècle le chœur (moins peut-être la voûte qui pourrait n'avoir été édifiée que vers 1220), les chapelles carrées, le transept (moins les murs terminaux), les piliers et les arcades des deux dernières travées de la nef; et, dans les bas-côtés, les doubleaux, les fenêtres et quelques colonnes.

Le portail a été édifié vers 1230; le clocher vers 1240.

Les supports des deux premières travées de la nef, moins ceux du clocher, ont été refaits, ainsi que les grandes arcades qu'ils supportent, dans la seconde moitié du quinzième siècle.

Puis, on a relevé les voûtes, tant celles de la nef que celles des collatéraux et du transept, à la fin du quinzième siècle et au début du seizième siècle, jusque vers 1530.

Viennent ensuite les réparations et réfections du dix-huitième siècle qui ont surtout modifié l'aspect extérieur et que nous avons longuement indiquées dans la première partie de cette étude.

MAURICE PROU.

VILLE DE PONT-SUR-YONNE.

PLAN DE L'EGLISE.

ETAT ACTUEL.

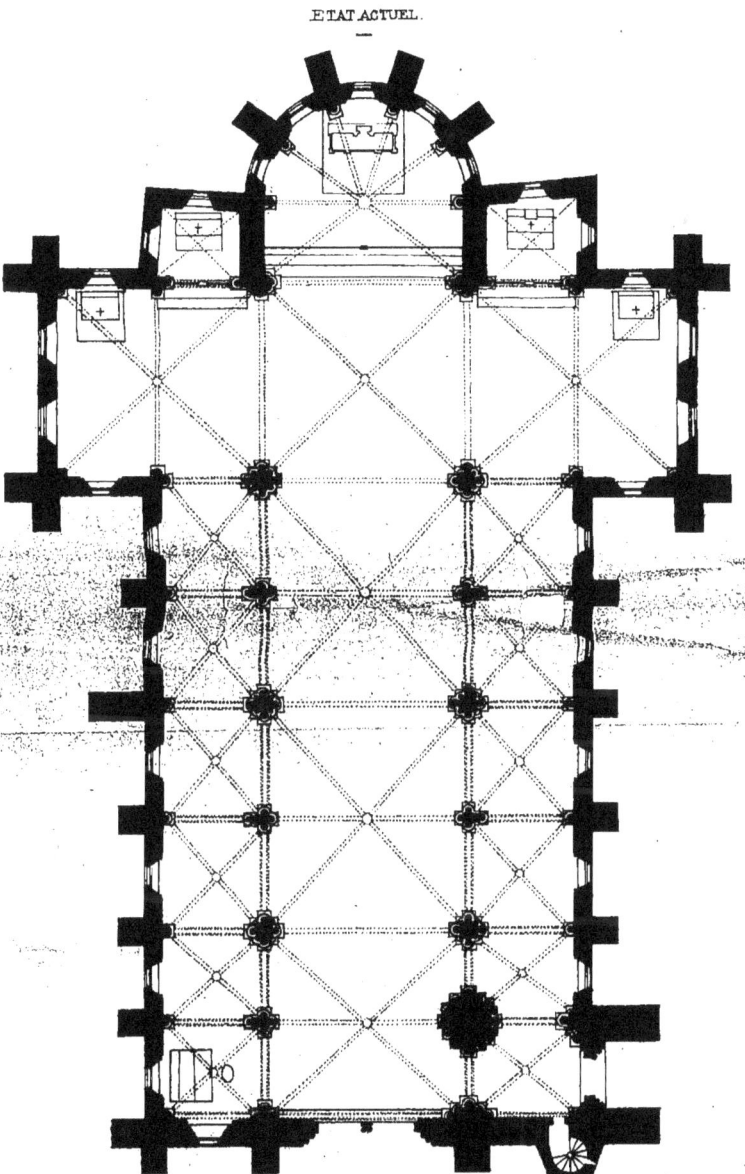

Echelle de 0,005 p.^r mètre.

www.ingramcontent.com/pod-product-compliance
Lightning Source LLC
Chambersburg PA
CBHW061525040426
42450CB00008B/1789